Todas las cartas que jamás te envié

Jennifer Castedo Esteras

Todas las cartas que jamás te envié
Jennifer Castedo Esteras

Diseño de la cubierta: Equipo de diseño de Universo de Letras
Imagen de cubierta: ©Shutterstock.com

Obra publicada por el sello Universo de Letras
www.universodeletras.com

Primera edición: 2024

ISBN: 9788410265264
ISBN eBook: 9788410265783

Este libro va dedicado a todas esas veces que pensé que no volvería a ser feliz. Y todas las veces que quise darme como vencida. Agradezco mi fuerza por querer mejorar como persona y por querer luchar. Jey nunca te rindas, que el mundo es muy bonito para llorar por un narcisista sin empatía.

Carita triste- Ana Mena, Emilia.

Síntesis

No sé si alguna vez se os quedó algo por decir al terminar la relación con tu pareja, una amiga, un compañero, un familiar o un fallecido.

En mi primera relación y por ahora única, aunque esperemos que no se quede con ese número, porque la vida da mil vueltas.

Total, que con veinticinco años tuve mi primera relación y cuando terminé tuve muchas preguntas que al tiempo yo misma acabé respondiendo o al final opté por pasar de ellas, pero siempre pensé que yo fui la mala y que él no tenía culpa. Los primeros días sólo podía repetir en mi cabeza que lo había hecho todo mal, y recuerdo cada segundo de esos días, que no fueron pocos, echándome la culpa y escribiéndole cartas que jamás llegué a enviarle.

Y entonces se me ocurrió la brillante idea de escribir un libro con esas cosas que no llegué a decirle y que me quedé con las ganas.

Aquellas cosas que tanto me gustaron y las que no, tanto decepciones como ilusiones.

Y aunque las primeras cartas están escritas por una persona que parece que se está a punto de morir por un hombre, al tiempo me di cuenta lo mucho que me quería y lo mucho que valía.

Con el tiempo, me di cuenta de que mi ex pareja era un narcisista que jamás él supo ser capaz de reconocerlo y espero que algún día lo reconozca y por su bien quiera cambiar.

Me encantaría decir que ojalá fuera el amor de mi vida, pero los amores de tu vida no deberían comportarse como gilipollas.

Si un día te quedas con ganas de decirle algo a tu ex, coge un papel un boli, lo escribes, pero no se lo des, espérate un tiempo si realmente se lo quieres enviar o no.

Agradezco a todas aquellas personas que participaron en este proyecto y, por una parte lo siento mucho que no hayan podido decir sus últimas palabras, pero descubrí algo, y es que la vida sigue, es maravillosa y que no tenemos que aferrarnos a gente que no nos hace bien, y que ir al psicólogo es lo mejor que existe en la vida.

No deis la espalda a vuestros amigos y hablar con naturalidad, todos pasamos por un mal momento, pero nunca sabremos donde está el amor de nuestra vida.

No te aferres a aquello que no te hace bien, sigue adelante, sigue con tus sueños.

Que nadie se pare a pensar en qué podría haber pasado si no hubiera hecho eso o lo otro, todos nos equivocamos y somos humanos, tenemos derecho a equivocarnos.

Pero recuerda pedir perdón por aquello que hicimos.

Mi ex jamás me pidió perdón por su narcisismo, por echarme de casa, por humillarme, por no defenderme, por dejarme tirada, por hacerme vivir en un sitio que no me gustaba, por las veces que me hizo sentir que era tonta, pero por lo menos de lo único que sí me pidió perdón fue de levantarme la mano.

Y siendo como es, eso es mucho.
Eso sí, ni él ni nadie más lo volverá hacer.

Lose You To Love Me - Selena Gomez

Lunes 16 de Mayo de 2023

Siento pensar en las mismas preguntas.

¿Por qué?

Ahora pienso en tu mejor amigo, que él la dejó a ella porque ella estaba loca, yo también lo estaba.

No volverás.

Te he convertido en una mala persona, porque tú eras un niño diez aunque fueras un mimado.

Y no confiarás en tu próxima pareja por mi culpa.

Vuelve si puedes, vuelve mejor, con más fuerzas, con más amor pero vuelve.

Mírame a los ojos y dime que me quieres, dímelo por favor.

Dime que solo necesitábamos separarnos, pero que quieres estar el resto de tu vida conmigo.

Cambiaremos para ser mejores personas y podremos entendernos más.

Te quiero.

Te quiero mucho.

Hoy me doy cuenta de muchas cosas en las que la cagué y otras que podría simplemente haber aceptado.

Me da la sensación de que jamás podré olvidarte.

Te extraño mucho y más en la cama, sé lo bien que nos iría un buen polvo.

En el cielo- Judeline

Jueves 18 de Mayo de 2023

Hubo un momento en mi vida en el que esperaba que me dijeras de hablar antes de recoger las cosas.

Y juro que no lo esperaba, pero me hubiese hecho ilusión.

Y hubiera aceptado aunque difícilmente.

Sinceramente espero no verte el viernes, espero verte más adelante, espero poder hablar las cosas cuando se calmen.

No creo que pase.

Vi la madurez en tus acciones, aunque ya dicen que nos tenemos que preocupar por uno mismo, él lo estaba haciendo de coña.

Espero cerrar ese ciclo ya pronto, sé que no vendrás a París, y yo quería enviar un mensaje espontáneo a la hora de la llegada del día.

Menos mal que pude borrarlo.

Qué asco es la vida, todavía no me adapto a lo que tengo y me gustaría saber si es normal.

A veces pienso en buscar un piso, pero con qué dinero y dónde iría con lo mal que están las cosas.

Creo que he perdido un poco la ilusión de muchas cosas y una parte me da la sensación que he perdido un poco las ganas de creer en el amor, sé que es reciente todo.

Pero…. ¿Y si no vuelvo a creer como antes?

Solamente tengo 28 años, y algunos de mis sueños ya no se van a cumplir.

Me pregunto a mí misma si los hubiera cumplido con él, ¿me imaginaba realmente una vida con él? ¿O solo eran ilusiones?

Este chico me ha dejado tocada de verdad.

Espero que cuando me acueste con el primero ya pueda superar los demás miedos.

Hurts- Christina Aguilera

Domingo 21 de Mayo de 2023

Sé que me costará darte las gracias, pero que el día de mañana te lo voy a agradecer.

Sé que no voy a poder continuar sola y que ésto es un desastre, me olvido de quién soy últimamente.

No vas de frente y es lo de siempre y de repente pierdo la razón.

Me encantaría que estuvieras a mi lado y pudieras responder a todas mis dudas, a todos mis dilemas, aquellas pequeñas cosas que no encajan en mi cabeza.

Me he imaginado varias veces, estar en nuestra terraza sentados y disfrutando de la puesta de sol sin decir nada y solo estando abrazados.

Pero tú no sabes disfrutar de estos momentos, porque ni por mí ni por nadie lo intentas.

Siempre pensé que acabarías buscando la empatía para poder entenderme.

Para aquellos días que son malos, pudieras ofrecerme un vaso de alguna bebida o que supieras cuánto me hace falta.

Aunque no lo creas yo también me cansé de ser un desastre, hacía lo que podía por ti, por mí, por nuestra relación.

Me hubiera gustado ser una persona que no tuviera altibajos de vez en cuando y no necesitar tanto tiempo para poder levantarme.

Me hubiera gustado ser una chica que se despierta a las nueve de la mañana y se va a trabajar, volviendo a las seis de la tarde, con una nómina que le permite vivir sin preocuparse.

Yo sé que eso te hubiera encantado, sé que jamás confiaste en que iba a tirar yo sola y que me faltaría trabajo; pero jamás te

falle, mi alquiler lo tenías cada mes, mis gastos, hasta la gasoli-
na del coche que me reclamabas cada mes sin haber tenido el
carnet.

Lo siento.

Lo siento- Beret

Lunes 29 de Mayo de 2023

Y no me di cuenta de éstas cosas hasta que todo terminó. Siempre que me acabas hablando es cuando mejor estoy, y cuando no lo haces, pienso que ya no volverás a aparecer en mi vida.

Siento que tienes un sexto sentido para saber que te estoy olvidando y que cuando ya sólo apareces una vez por mi cabeza y no dos, es cuando tengo ese mensaje tan seco tan absurdo y yo como tonta acabo picando.

Acabo de nuevo cayendo a tus redes y mis meses de terapia yo misma las tiro por el suelo, porque acabo yendo a la casa donde antes éramos dos, no solo el que me echó de casa.

Ya ni rencor te tengo de eso, por el dolor de entrar en esa casa y recordar que un día fui feliz y al poco recordar las discusiones, los malos momentos, las peleas, los insultos…

Tengo recuerdos bonitos en esa casa, claro que los tengo, recuerdo las risas, las veces que iba detrás de ti para que lavaras los platos.

Las veces que te intentaba enseñar algún plato de cocina e ibas huyendo o haciéndote el loco detrás del gato.

Las veces que nos quedamos en cama y simplemente me decías cosas bonitas y yo no sabía nunca qué responderte, pero las apreciaba, apreciaba cuando me pedías los abrazos, los besos, me pedías que te acariciara la espalda.

Y ahora me arrepiento de no haber pedido más caricias, de no haber compartido más amor, de no quedarme mirando este vídeo de *youtube* que tanto te gustaba y yo ni caso le hacía.

Me arrepiento de no haber podido compartir mis palabras bonitas contigo en esa cama, en el salón, en la cocina, en la terraza, de no haberlo hecho más veces en ese rincón de la terraza donde hace un par de veranos lo damos todo sin que nos importara lo que dijeran los vecinos.

Ahora sé que arrepentirse no sirve de nada y que sólo me toca aprender de las cosas que hice mal, porque yo sí que sé las cosas que hice mal.

Yo me di cuenta de lo tóxica que me volví.

Las cincuenta llamadas cuando me enfadaba contigo y te decía que volvieras a casa, las veces que te dije que no te dejaría entrar en casa y que te ibas a quedar fuera.

Las veces que te dije que te iba a romper tantas cosas y jamás hice nada…

Luego descubrí que esos traumas venían de la infancia, de mi infancia y que necesitaba ayuda de antes y vaya mierda, que mis traumas de la infancia me afectan en la relación.

Vaya mierda, porque si hubiera buscado antes ayuda capaz que nuestra relación hubiera acabado mejor de lo que debería y mejor de lo que fue.

Pero todos debemos aprender de errores, porque la vida no es fácil y tú, cabrón, me lo pusiste muy difícil, me rompiste el corazón.

Jueves- La Oreja de Van Gogh

Viernes 2 de Junio de 2023

Creo que lo que más me duele es no habernos despedido correctamente, como dos personas.

Jamás fuimos dos en la relación porque tú nunca contaste conmigo en tus planes.

Y nunca, jamás fuimos dos personas maduras para hablar las cosas, después de una historia tan bonita, porque joder lo hemos pasado putas en algunas cosas y siempre me decías que si ésto lo hemos podido superar, lo demás también.

Y yo sé que la jodí más al final, pero en ningún momento supiste verme a la cara y decirme las cosas, es que todavía no sé ni el motivo por el que no estamos juntos.

Solo sé que ya no me quieres como antes y que no eres tan feliz como antes, y siempre se nos daba bien jugar hacernos daño con palabras que no eran reales y te juro que ésto se me quedó en el pecho.

No hubo ni un beso, ni un abrazo, te fuiste por esa puerta y ya no estás en mi vida. Y me como la cabeza con las mismas preguntas.

¿Volverá?

¿Se arrepentirá?

¿Se dará cuenta de las cosas que hice por él?

¿Estará todo el rato ocupado?

¿Estará solo en casa?

¿Pensará en los buenos momentos en esa casa?

¿Cambiará de opinión?

Y todo el rato así… Y luego está esa parte depre que dice…

No volverá.

No lo esperes.

Nadie quiere estar con una loca como tú.

No volverá a confiar en ti.

Llevo meses sin quererte y sin ser feliz contigo.

Y ésto es un no parar en mi cabeza y saber que somos dos personas adultas y que en éstas dos semanas no nos hayamos dicho ninguna palabra, eso me mata.

Mata la madurez que tenemos, de orgullosos y de cabezotas.

Me mata que ésta haya sido mi relación más seria, ya que he intentado salvarla, porque claro, yo estoy yendo la psicóloga para quitarme mis traumas, mis miedos, mis dudas, para aumentar mi autoestima... Menudo hijo de puta.

Y que no hayamos sido capaces de darnos ni un último beso, un último abrazo de verdad, me parece ridículo.

No fuimos capaces de compartir una palabra bonita al final...

Ojalá vuelvas el día que esté recuperada, eso sí, ésta vez elegiría el cerebro y no el corazón.

Disfruto- Carla Morrison

Sábado 10 de Junio de 2023

Otro bajón, una recaída.

¿Cómo vamos progresando?

Después de éste primer mes sin tener noticias de ti, aunque bueno, la última fue cuando iba a sacar tus cosas de "TU" casa.

Estoy hecha mierda y lo peor es que hoy no pienso en nada, sólo en ti.

Sólo en ti, en el dolor de que ya no estés. Ahora todos los fines de semana son iguales; largos y aburridos, han perdido el sentido. Ya no vamos a llenarlos pasando la mañana haciendo las cosas de la casa ni saldremos después para hacer la compra o para comer fuera.

Como un matrimonio pero sin hijos.

Pero nada especial.

Y cuando llega el sábado es cuando reviento a llorar, cuando necesito fumar y estar en otro mundo y eso me agobia porque siento que no aprovecho mis días y tú sabes que eso lo odio muchísimo, el quedarme apalancada en el sofá sin hacer nada, y perder el día.

Cada día me pregunto cuándo estaré bien y cuándo seré la mujer que quiero ser.

Cada día digo que es el último porro, pero me entra la ansiedad, el disgusto, me entra todo y necesitar coger ese cigarro para no pensarte, o bueno, realmente te sigo pensando, sólo anestesio el sentimiento.

He reído varias veces y eso me hace feliz, eso es un buen comienzo.

Me obligo a salir de casa, porque si no, sé que me quedaré hecha mierda y trizas en el sofá pensándote.

Hay sitios a los que no puedo ir, y olores que intento evitar para no pensarte.

Sólo sé que mi cerebro no quiere recordarte a buen pie, si no como si ya no fuera para ti, quiero borrar tu cara, tu voz, pero será imposible borrar tus besos, tus caricias y tus palabras...

Lo que daría por un beso.

¿Recuerdas que alguna vez hablamos de cuánto tardaríamos en acostarnos con otras personas?

Pues yo te decía que un mes.

Un mes o una vida, jamás supe qué era el amor.

Y ahora que lo sé, pues no sé cuánto tiempo tardaré para sentirme preparada y poder acostarme con otra persona.

Espero que tú lo lleves bien, aunque por lo que me contabas no eres de dar muchos pasos.

Capaz que al estar conmigo tengas más confianza en ti mismo, creo que te demostré que tienes que tener fe en ti y tener un par de cojones para seguir adelante.

Que tú puedes, que confíes en ti, que eres un chico inteligente y que sobre todo tienes mucha en la vida, menos en mí.

Me acuerdo de que una vez lloré porque tú eras el chico con suerte, menos por la novia que tenías y eso me hacía sentir fatal.

Jamás pensé que te necesitaba tanto.

Cuídate- Valeria Castro

Miércoles 14 de Junio de 2023

El día que me fui de casa, o mejor dicho, que tú me echaste de casa, que jamás has sido capaz de reconocer aunque te he explicado la situación mil veces y tú me vienes con excusas.

Pensé que me moría, me acuerdo el día que cogí a Lazy y salí de esa casa llorando, pensando que no volvería más y si he vuelto para echar un par de polvos, pero no para que me digas de volver a intentarlo.

Me acuerdo de mis primeras semanas, volviendo a fumar porros, llorando en cada esquina y sin poder levantar cabeza.

Tengo más de diez fotos llorando, derrumbada y tu jamás me enviaste un mensaje de como estaba, si había encontrado casa, si estaba en un lugar seguro, si estaba bien. Ya no te importaba.

¿Me puedes explicar cómo una persona que fue tan importante en su momento, te deja de importar de un momento a otro? Pero para echar un par de polvos no tenías escrúpulos.

Muchas veces he pensado que todo fue por mi culpa, joder, no he parado de echarme la culpa en todos éstos meses, he pensado mil veces que me fui de casa creyendo que los dos nos queríamos y que lo habíamos dejado por discuciones, hasta que me enteré hace dos días contados, cara a cara, que me habias dejado de querer.

Pedazo de hostia me diste en el corazón, por un momento te creí y al día siguiente lloré todo el día.

Hasta que me di cuenta que nosotros jugábamos a las mentiras, a ver quién hacía más daño, cuando me di cuenta que en septiembre tú me dijiste que a lo mejor en un futuro nuestros caminos se reencontraban.

¿Por qué me haces tanto daño?

¿Qué te he hecho yo en éstos meses que no he estado para que ahora me escupas palabras feas?

Joder, yo esperando que hagas un cambio y tú... Tú jodiéndome hasta cuando te quiero abrir los brazos.

Everytime- Britney Spears

Miércoles 21 de Junio de 2023

Me hubiese gustado tener una bonita despedida

Y es que desde aquel día que me fui de nuestra casa, supe que era lo mejor para los dos.

Estoy rota por dentro, no tengo rincones en casa que me recuerden a ti, pero tengo calles donde te declaré mi amor eterno.

Me siento sola, cada día más sola...

¿Desde cuándo te volviste una necesidad? Si simplemente fuiste un daño.

Sólo intento recordar los primeros años de nuestra vida, porque los otros no recuerdo ni estar viva.

Ojalá te supere pronto y si no lo hago, que sepas, y sé que lo sabrás, que pensé en su momento que eras el amor de mi vida.

Hubiera dado veinte años de mi vida para poder despedirme en nuestra cama...

¿A qué se le llama amor ahora?

Porque pensé que lo nuestro lo era...

Ojalá un día me escribas todas las cosas que yo hice mal, para decirte que no volverán a pasar...

Yo te escribí las tuyas, me costó medio corazón recordar todo aquello que tanto me dolió.

Abrir heridas no es bueno y si luego intentas sanarlas salpica.

Ojalá no verte nunca más, porque sé que si te veo no te voy a poder superar.

No me veo capaz de querer a alguien de nuevo, sólo te veo a ti en mi mente con un ramo de flores de los que te pedí y jamás me compraste, pidiéndote ser el amor de tu vida de nuevo .

Nothing Breaks Like a Heart- Miley Cyrus

Viernes 23 de Junio de 2023

Sabías que odiaba las Navidades e igualmente te fuiste a Japón, nuestras primeras Navidades "juntos".

Y aunque no me quito el collar ni para pasar aduanas, éste collar me recuerda que hubo un momento de mi vida en el que me dejaste sola mientras más te necesitaba.

Sabías el miedo que tenía, la tristeza y la soledad. Me daba miedo estar sola en esa casa porque siempre se escuchaban crujidos, no era capaz de estar sola.

Que porque tú no creas en los fantasmas, no significa que yo también vaya a dejar de creer.

Recuerdo haber comprado unas flores para mí, para recordarme que tenía que ser detallista conmigo y en el momento que decidí publicarlas te lo tomaste como ofensa, como si yo quisiera humillarte.

No llames humillación a unas flores, cuando dejas a la supuesta futura madre de tus hijos sola en casa sin importarte nada.

No pasa nada, ya no existe rencor, pero siempre lo recordaré.

Por no hablar de los días en que no estuviste, que pude poner la calefacción, ya que contigo era imposible ponerla porque gastaba mucho y te daba igual si me moría de frío.

Ojalá algún día sientas el frío que sentí yo, y no hablo de frío físico.

Cuando Zarpa el Amor- Carolina García

Domingo 25 de Junio de 2023

Todavía hay un pequeño latido en mi corazón

De nuevo los días en vela y siguen cayendo lágrimas sin poder evitarlo.

Desde hace un mes que me pregunto por qué hice eso, si estaba bien, estábamos bien.

Cada uno con su camino, cada uno haciendo lo que quisiera, queriéndonos, pero sabiendo que no podemos estar juntos.

Echo de menos tu olor por la mañana, cuando me dabas un beso antes de irte, echo de menos cuando nos quedamos los sábados tumbados y muriéndonos de la risa entre mis sábanas.

Te echo de menos, ese es el resumen.

Y por más que hable con mi corazón y le diga que fuiste la persona más hija de puta de mi vida, él sólo escucha que cuando nos volveremos a besar.

Tengo tanto dolor dentro que me extraña que algún día de verdad se pase...

Siento que están haciendo una reforma dentro de mí, ésta vez con muchas puertas, muchos candados y muchas cerraduras...

No habrá un siguiente, al que ame como te quise a ti, y eso me desespera, te di tanto amor que gasté el de toda la vida.

Creo que en mis momentos malos, es cuando apareces más tú en mi mente.

Yo te enseñé a vivir y ahora que ya lo sabes hacer no luchaste por mí, preferiste ganar tú las discusiones a qué te quisiera para toda una vida.

Sé que estás y estarás bien, y ojalá el día de mañana alguien pueda entender lo que yo con todo corazón intenté hacer.

Memories- Maroon 5

Martes 27 de Junio de 2023

Hace más de un mes que no te veo.

Esto duele, arde por dentro, explota, quema, me revienta no estar en tu cabeza.

Me imaginé en su día que si terminábamos, sería los dos juntos, abrazándonos y llorando y dándonos apoyo, compartiendo algún beso y un abrazo. Rompiendo como pareja pero creciendo como seres humanos.

Míranos ahora, damos pena, porque no puedo asegurarlo al 100% pero sé que algún momento habrás pensado en escribirme y en querer volver, pero piensa en el último año, en lo peor de la relación y se te va de la mente.

Yo haría lo mismo, si tuviera un poco de amor propio, pero aquí estoy. Esperando que algún chico de *Bumble* me tontee un rato para pasar el tiempo, seguramente, sin quedar con ninguno al final, qué pereza.

No paro de pensar si tendremos alguna despedida, porque realmente jamás la tuvimos, y creo que todo debe tener un final, ¿nosotros somos tan hipócritas de solo separarnos?

Me duele todo lo que me has hecho, porque recordemos que me he quedado sin hogar porque tú no querías irte de casa de tus padres, de tu abuelo, de toda la gran familia que tienes comparada con mi pequeña y desestructurada familia, y yo que literalmente no tenía donde ir... Me tuve que ir, porque si no lo hacía iban a pasar cosas feas en esa casa, además de la tensión y el mal rollo.

Quiero hacer una lista de las cosas malas que me has hecho, pero no puedo.

Claro que las he encontrado, pero no puedo, no puedo aceptarlas, porque también hubieron tantas cosas buenas...

Justamente acabo de olvidarme de cómo eras, ahora sólo te veo lejano, muy lejano, sin ningún interés de saber de mí, y al final es lo mejor ¿no?

¿Cuándo se me va a pasar el dolor?

¿Cómo me sentiré, cuando me acueste con el primer desconocido?

¿Cuándo podré decirte que quiero hablar en persona?

¿Cuándo podré ir a recoger mis cosas? Porque no me atrevo a pisar esa casa.

Me da miedo que nos veamos y que me digas que ya no me quieres, que ya no sientes nada y que este tiempo que has estado solo, han sido tus mejores momentos en la casa.

Me da miedo que me digas que me vaya bien y hasta nunca.

Me da miedo que no me quieras ver en la vida.

También me da miedo que me digas que quieres volver a intentarlo conmigo.

Y sabes que te diría que si, lo sabes, no me lo pensaría ni un segundo, pero claramente me haría de rogar, pero sabiendo lo que hay, cómo eres, sabiendo cómo te comportas,... diría que sí.

Desde dentro no se ven las cosas tan claras como desde fuera, qué pena no haberlas visto antes.

Y acepto como eres, acepto tus manías con la limpieza, el orden, las veces que necesites ducharte.

Acepto que no quieras lavar los platos por la noche y acepto que no quieras una manzana aunque tengas el colesterol alto.

Acepto tu mal humor cuando estás enfermo y eres insoportable.

Acepto todos tus defectos, ojalá un día puedas aceptar los míos.

Olivia Rodrigo - drivers license

Jueves 6 de Julio de 2023

Uno sabe que está enamorado cuando esa persona se va y ves que al final quieres lo mejor para ella, quieres que sepan amarlo y quererlo.

Te quiero y te quise y ojalá hubiera podido quererte a tu manera.

Y me di cuenta de que tú después de tanto, era mi primer amor.

Y si algún día tengo hijos diré lo bonito que es el amor cuando es real.

Y que aunque al final no acabe en final feliz, vale la pena haber pasado por esos momentos.

El dolor es bonito y muy intenso, pero los buenos momentos son de ese sentimiento tan intenso, tan feliz.

Que jamás se te olvide ningún recuerdo, porque de verdad, aunque duela vale la pena, recordar que un día en tu vida fuiste muy feliz.

Ahora, cuando pienso en amor, pienso en dolor.

Cóseme- Karen Mendez

Domingo 9 de Julio de 2023

Me prometí no pensar más en lo feliz que me hacía dormir a tu lado.

Cuánto daño me has hecho para estar pensando así...

¡Corre!- Jesse & Joy

Sábado 15 de Julio de 2023

He leído una frase que dice: prefiero salvar nuestra relación las veces que haga falta, a empezar una nueva con alguien que jamás amaré como te amo a ti."

Y entonces yo me planteo si después de tres años juntos voy a poder volver a querer a alguien como te quise a ti.

Fuiste la primera persona en mi vida que me quiso de verdad, fuiste el amor que siempre busqué aunque luego todo se destruyera y se derrumbara.

Siempre busqué aquel príncipe azul y lo hablamos la primera vez que nos besamos delante de la playa, en una noche estrellada, donde me contaste el significado de las estrellas.

Joder, creo que fue uno de los momentos más nerviosos de mi vida, recuerdo que tuvimos varios momentos a solas, queriéndote preguntar si te podía robar un beso, pero mis nervios no dejaban dar el paso.

Y aquella noche literalmente debajo de las estrellas, delante de la playa, mientras hablábamos y nos reíamos, solo podía pensar "o te besa él o lo besas tú".

Recuerdo que fue una de las mejores noches de nuestra vida, joder no parábamos de hablar de conocernos, de ser felices, de tener ilusiones y de crearlas.

La primera impresión de cuando conoces a alguien lo dice todo para tener una segunda cita y contigo quería pasar mi vida entera.

Quería pasar el resto de mi vida contigo y lo tenía claro, el muchacho alegre pero a la vez tímido, el chico con sudadera en pleno verano y con esas pestañas tan largas, que no paraba de sonreír y decirme todos sus defectos.

Joder, ¿qué defectos tenías o ves que tienes? Si es que es verte y sentir que eres perfecto.

Yo hubiera querido comerte con la mirada desde el primer momento, hubiera dado todo por hacerte abrir los ojos y hacerte entender que las personas no somos perfectas, que todos tenemos nuestras cosas, acepta esa cara que dices que odias y que yo adoro.

Perdona por escribir cosas que me puedan causar dolor.

Lana Del Rey - Young And Beautiful

Jueves 20 de Julio de 2023

Cambia tu forma de ver la vida.

Yo estoy jodida, cuando alguien me dice una palabra sobre ti o algo… es como una puñalada, no quiero saber nada, no quiero saber lo qué haces, qué no, ni si estás, si comes bien o no. Ya no estoy interesada en saber qué mierda haces.

Espero con todo mi corazón que puedas llevarlo mejor que yo y sepas cómo seguir adelante y hacer que todo te vaya muy bien, ojalá consigas todo aquello que te propongas y seas muy feliz.

Ojalá soluciones tus problemas si crees que tienes alguno, que realmente son varios.
Ojalá encuentres el amor de tu vida o que tengas mucho sexo.
Ojalá que experimentes lo que es salir de una rutina, y que salgas de la tuya.
Ojalá conozcas gente que te dé amor y experiencias.
Ojalá encuentres la felicidad donde menos te lo esperes.
Ojalá te vaya todo tan bien que no puedas parar de contar anécdotas sin parar, aunque no vas a poder compararlas con las nuestras.
Ojalá puedas sonreír en cada uno de los segundos de tu vida.
Ojalá aprendas mucho y sepas cuidarte por ti mismo.
Ojalá te compres la casa que tanto esperas y puedas permitirte vivir en ella.
Ojalá, ojalá, ojalá…

Blanco y negro- Malú

Sábado 29 de Julio de 2023

Me alegro de haber sido yo la que "se fue".

Porque esto significa que yo continuaré mi vida, seguiré conociendo personas magníficas que me enseñarán un montón y tú seguirás siendo tú…

Vas a seguir quedando con los de siempre, saliendo el fin de semana si se puede y los días de cada día estar en casa, ya sólo te quedarán tus padres, los únicos que te darán un empujón en la vida si pueden.

Y lo más jodido es que no estarás conmigo.

Y yo conoceré gente increíble en mi vida, y viajaré todo lo que pueda y disfrutaré de la vida, de las personas que vaya a conocer, de cada momento que vaya a vivir.

Me acostaré con desconocidos, por desgracia, cuando no haya más remedio, pero los dos sabemos que a quien quiero besar es a ti.

Pero ahí afuera debe de haber alguien que me aprecie y que no me dejará tirada, ni humillada delante de los demás,

Me moveré por el mundo cuando tú sigas estancado en él.

Que no hayas hecho un pequeño esfuerzo por mudarte a otra ciudad, me demuestra que tú no sentías amor, y si lo sentías, no sabías cómo demostrarlo ni cómo enseñármelo, porque yo me fui donde no era feliz, y si tú me hubieras querido un poco no hubieras permitido que me quedara sin ganas de vivir.

Estaré bien pronto, lo sé..

Sé que mi vida continuará en algún momento. Todavía sigo llorando.

Pero mientras yo avanzo e intento mejorar, tú estás estancado, y volverás.

Me duele mucho, pero mucho saber que voy a tener que conocer a otros y que tendré que volver a confiar de nuevo, tener que volver a enamorarme supondría un gran esfuerzo para mí, vamos, empezar de nuevo con alguien, darle una nueva oportunidad al amor.

Me duele en el alma y no quiero que otra persona me toque, pero todo humano tiene necesidades...

Pero no vas a volver y lo único que me anima y me hace feliz es saber que yo voy a poder continuar, voy a seguir queriendo comerme el mundo.

Y tú sentado en una pantalla .

Que seas feliz, muy feliz.

Rosa Linn - Snap

Viernes 4 de Agosto de 2023

Pienso que las mejores relaciones dejan las mejores anécdotas y jamás olvidaremos el día que conocí a tus padres.

Me acuerdo de lo que tardé en arreglarme, y tú pensando que no quería conocer a tus padres.

Yo pensaba que les iba a caer fatal y más viendo los mensajes de tu madre, pensaba que me iba a hacer mil preguntas, como las típicas preguntas "qué vas a hacer con mi hijo y qué planes tienes con él".

Yo ya tenía la respuesta a esas preguntas: "Quiero todo con tu hijo, quiero darle mi vida, darle todo mi amor, quiero darle las mil maravillas del mundo, quiero hacerlo feliz, quiero darle una hija preciosa con sus ojos, con su inteligencia, con sus ganas de comerse el mundo y de ver la vida.

No voy a decir "vivir", porque tú sólo sabes pensar en ahorrar, no sabes vivir, en parte está bien y en parte tienes una mitad de viejo y la otra mitad de niño de guardería.

Te quiero, recuérdalo, y las verdades son duras.

Jamás me tiraré flores encima ni diré que soy la mejor persona del mundo, pero tú y yo sabemos que soy la persona más espontánea del mundo, la que te puede sorprender de mil maneras, la que te hace feliz con pocas palabras.

La persona que estando en el sofá te ha dicho de ir en coche a un safari, soy la persona que te ha dicho mil veces de cambiar juntos de país y estar un tiempo fuera trabajando y disfrutando de la vida, de poder usar toda nuestra imaginación en cada segundo.

Soy esa persona que intenta hacerte disfrutar de cada momento de tu vida, porque quería que el día de mañana le contáramos a nuestros hijos nuestras historias y nuestras anécdotas en vez del de "Érase una vez un patito feo".

Quiero contar eso que la gente no puede acabar de creerse, que se imagine las mil situaciones de esas cosas que ha podido pasar y como, que al cabo de unos años seamos como la serie de cómo conocí a vuestra madre.

Lo siento por fallarte tanto.

Make up- Chloe Angelides

Miércoles 30 de Agosto de 2023 (Dedicada exclusivamente para mi)

Eres fuerte, recuerda lo fuerte que eres.

No tendrás un contrato fijo, ni una casa, ni una estabilidad.

Pero sales siempre de todas, no necesitas amor de un hombre que no sabe apreciarte, que no sabe valorarte, que jamás te he cuidado.

No llores, en serio, sé que ahora estás en caliente y es demasiado pronto, todo acaba de empezar y de terminar a la vez y sé que nadie está preparado para ésto.

Pero recuerda lo que vales, mírate en el espejo y sabes que en tu interior no te mereces ésto, no te mereces estar llorando, no te mereces estar triste en tu cama, no te mereces estar deprimida sin querer salir de tu cuarto.

No dejes de comer, no dejes de hacer lo que hacías, recuerda que antes de que apareciera él, tenías una buena vida y no me digas que él te la arregló.

Que él fue tu salvación, sólo tú puedes hacerlo, solo tú puedes salvarte.

Recuerda las amistades que has perdido y bueno, nunca es tarde para recuperarlas y hacer nuevas.

Ahora sólo toca esperar que el tiempo haga su efecto, no necesitas un mensaje suyo para ser feliz.

En serio, recuerda las lágrimas que soltaste en esa relación, joder, abre los ojos.

Eres preciosa y todos lo ven menos tú.

Él se avergonzaba de ti y tú lo idealizabas.

No eres tonta, eres lista, sólo que el amor duele, sí, mucho, pero de todo se sale.

Recuerda que pasaste por cosas peores y más dolorosas, y las superaste.

La cama- Tengo ganas de ti

Domingo 6 de Agosto de 2023

Me agarro a tus recuerdos y eso es lo que me impide seguir adelante.

Miro los emails que nos enviamos, cuando a ti te apetecía discutir y te bloqueaba porque pasaba de discutir y al final…

Hola te quiero por favor desblo te echo de menos… llámame porfi

Como éste.

O cuando me echaban de algún trabajo y en vez de darme apoyo me hundías más en la mierda, me humillabas, me hacías sentir inferior.

Perdoname, ven a casa si quieres.
Buscaremos nuevo trabajo.

Pero luego pienso en dónde estoy, la situación que estoy, la ansiedad y la depresión que he tenido éste año y desde antes de terminar.

Pienso en las veces que me has insultado, me has levantado la mano, te has avergonzado de mi, las veces que no me has defendido, las veces que me has hecho sentir que valgo lo mismo que un trozo de mierda.

Y allí es donde me doy cuenta de que no me merecía esto y que es una mierda la melancolía.

Me trataste como si fuera basura que no valía nada, como si fuera tu asistenta. No te preocupabas jamás ni de hacer la cena cuando llegaba cansada del trabajo.

La gente dice que sí, que encontraré el amor y que siempre hay que pasar por un narcisista, pero dime tú cómo quieres que confíe en otra persona después de todo, después de lo putas que me lo hiciste pasar.

Llevo días sin querer salir de casa, y todo porque me cuesta remontar cada vez que vuelves a hablarme.

Porque me hablas, me follas y luego dejas de responderme y desapareces.
¿Qué te he hecho yo para que me trates así?
Estoy cansada y agotada.

Quiero que me mires y que me des dos opciones; o continuar cada uno por su lado, o intentarlo de nuevo. Pero no vuelvas si no quieres estar conmigo.
No vuelvas si es para hacerme daño.

No vuelvas, porque te perdoné ya demasiadas cosas y varias veces.
Pero aunque te quiera, y me muera por abrazarte, no vuelvas.
Siempre recordaré esa frase que te dediqué.

"Tus abrazos son mi casa. Y no hay nada mejor que poder estar en casa."

Pero me echaste de esa casa.

Elastic Heart- Sia

Miércoles 9 de Agosto de 2023

Sí que pienso a momentos que volverás.

No puedo evitarlo ni negarlo.

Porque una parte de mí sigue viendo una pequeña solución, sigue viendo amor, esperanza y alegría.

Lo siento si te dije que podías besarme, ojalá hubiera durado un poco más…

Ojalá hubiera durado mucho más, ojalá hubiera sido eterno.

Qué guapo estabas, joder.

Siento algo en el pecho y no sé qué es, es como que queda algo por aclarar.

Dijimos que sí que tenemos que hablar, pero ¿de qué hablan las personas cuando rompen?

¿Cuando ya sus cosas están fuera de la casa?

De qué hablan las personas cuando se siguen queriendo pero uno de los dos no quiere dar el paso.

Joder, es qué hay tantas cosas por cambiar y por hacer.

Pero pienso un poco más y me acuerdo lo egoísta que eres algunas veces, como por ejemplo el coche, no podías dejarme tu coche, querías que cada uno tuviera el suyo y se pagara sus cosas y gastar más dinero…

Decías que tu coche "ni tocarlo" y ahora que veo cuánto me encanta conducir pienso: "Dios, por fin libertad."

O cuando decía de ir a ver a mi abuela y tú te quejabas por tener que bajar a Barcelona o por tener que pagar el parking.

Dios, cuánto dolor me causabas cada vez que decías eso.

Por no hablar de mi cuerpo, tu frase perfecta era que cuando me conociste era más delgada.

¿Tú sabes el daño que me has hecho? Hay veces que tengo que pensarlo dos veces si quiero comer algo, a veces mi mente intenta esperar más rato para comer para poder solo tener una comida al día.

Joder, me miro el cuerpo cada día e intento decirme que estoy bien, que no pasa nada, que todos tenemos defectos.

¿Por qué no te odio? Debería odiarte por tantas cosas, sé que me pasa con palabras, me arrepiento muchísimo. Y lo siento, joder.

No sabía que estaba tan mal para necesitar ayuda. Lo siento.

Lo peor de todo es que ya no se me rompe nada porque no hay nada que sentir, has perdido mi confianza, has perdido a la persona que más te quería en el mundo.

Ya no sé ni quién coño soy.

Literalmente.

¿Quién soy? Nunca tuve problema con acostarme con una persona, jamás. y ahora… no me atrevo a dar el paso con nadie y me he obligado pero…

Es que solo pensar que no eres tú, me doy asco.

Como si te fuera infiel.

Y no es así, tengo la libertad de hacer lo que yo quiera.

Pero estás 24 horas en mi mente, y pienso que estoy loca, porque es que te he visto en Ibiza conmigo compartiendo un gran momento.

Otras Se Pierden- Morat

Jueves 17 de Agosto de 2023

Y uno sabe que está enamorado cuando esa persona se va y ves que al final quieres lo mejor para él o ella.

Te quiero y te quise y ojalá hubiera podido quererte de la mejor manera.

Y me di cuenta de que tú, después de tantos, eras mi primer amor, mi amor de verdad.

Y si algún día tengo hijos les diré lo bonito que es el amor cuando es real.

Y que aunque al final no sea "un final feliz", vale la pena haber pasado por esos momentos.

El dolor es bonito y muy intenso, pero los buenos momentos son de ese sentimiento tan intenso y tan feliz.

Que jamás se te olvide ningún recuerdo, porque de verdad que aunque duela, vale la pena recordar que un día en tu vida fuiste muy feliz.

Verano- La Oreja de Van Goh

Viernes 25 de Agosto de 2023

Querido I,

Aunque creas que todo lo que te escribo es malo, es mentira.

Preferí guardar antes nuestros buenos recuerdos que los malos.

Y es que el verano que te conocí, fue un verano increíble, por ahora uno de los mejores de mi vida.

Y es que a la hora de compaginarse para poder vernos, era increíble.

Quiero decir, que no había hobby más bonito que compartir con alguien que poder saltar las olas del mar juntos y querer estar ratos en el agua como niños de cinco años.

Que pasábamos noches sin dormir para poder vernos y me encantaba cuando me acompañabas siempre a la parada del tren.

Recuerdo cuando bajabas a Barcelona y nos perdíamos por las calles, enseñando a la gente que si era posible amar, aunque si me lo preguntan ahora diría que es más fácil que te rompan el corazón.

Me encantaban las noches que iba a casa de tus padres, y jugábamos debajo de las almohadas y no había nada más bonito que despertar a tu lado, aunque yo dormía en una cama de aire y tu en tu colchón, porque por ese entonces todavía no te salía ser tan caballeroso.

Ojalá jamás hubiéramos tenido la idea de irnos a vivir juntos, aunque sinceramente tampoco es que tuviéramos otra alternativa.

Me hubiera encantado que todo saliera bien, me hubiera encantado poder hacer más bañeras juntos en nuestra casa y poder estar los fines de semana en la piscina de tus padres.

Me hubiera encantado escribirte más notas y me hubiera encantado poder haber echado más que un u otro rapidín, de esos que dices para sacarnos las ganas.

Echo de menos las noches que compartimos juntos, cuando te tocaba con los pies fríos, ya no consigo querer dormir con nadie más, porque siento que si lo hago podría traicionarte,

Un verano sin ti- Bad Bunny

Domingo 27 de Agosto de 2023

Me siento terrible

Terrible por no haberte besado más rato, otros diez abrazos, y un último polvo. Ojalá creyera que ese beso era para que volvamos, pero sé que no.

Aunque he visto la manera como me mirabas y yo te hubiera mirado mil veces más así el resto de mi vida.

Pero tengo que ser realista y pasar página, y aceptar lo que ha pasado y lo que no, aceptarlo y dejarte ir.

Te dejo ir, porque quiero que seas feliz y sí, es lo mejor para los dos el haber cortado, así cada uno valora del otro y yo vuelvo a recuperarme.

Y tú vuelves también a ser tú, pero en tu sitio, yo he tenido que empezar de 0, conocer nueva gente, nueva casa, nueva yo, muchas cosas me has dejado por empezar y no estás a mi lado.

Dios cuánto te quiero, cuánto te amo, cuánto creo que te necesito, pero no es así.

No necesito a alguien que me haga sentir mal con mi cuerpo, no necesito ni quiero a alguien que cuando se enfada le entra un pronto imposible de la vida.

Can't Help Falling In Love- Elvis Presley

Domingo 3 de Septiembre de 2023

Entendí...

Entendí que tú no puedes asumir lo que me pasó durante años y a lo largo de mi vida.

No supiste comprenderlo y no pasa nada, porque hay cosas que tampoco yo comprendo.

Ojalá encuentres a alguien con una vida más normal.

+ - = Aitana, cali Y Dandee

Miércoles 6 de septiembre de 2023

No soy un polvo de un día, no soy el polvo que está cuando no aguantas más.

No, no lo soy.

Soy alguien que se merece que la llame, soy alguien que merece los buenos días y las buenas noches.

Alguien que no se merece entrar a tu casa a escondidas, no soy la persona que tienes que ocultar a tus amigos y familiares.

Soy la persona por la que deberías decir a los demás "lo estoy volviendo a intentar", "estoy volviendo a empezar", "estoy volviendo a luchar", "la quiero recuperar". Soy esa persona por la que, a pesar de los errores, quieres luchar.

Quiero ser esa persona con la que pases los domingos viendo películas y bailando en el comedor, pudiendo reír sin parar y haciendo el amor en aquellos momentos donde nos sintamos excitados.

Me merezco un amor de verdad, uno de esos que te llaman al salir del trabajo, de los que cuando llegas a casa te sientas con él, en el sofá a charlar de como te fue el día.

Me merezco un amor donde los días libres no se planean, sólo cosas improvisadas, donde sólo hay risas y no discusiones, donde la limpieza de casa es de dos y la compra de la comida es planeada por los dos.

Me merezco un amor grande, seguro, donde el hecho de hacer el amor sea de dos y no de uno, que las alegrías se comparten y las decisiones se deciden por dos.

No quiero alguien que me esconda, que no es capaz de valorar mis logros, que no es capaz de reconocer mis valores, mis esfuerzos y me tiene escondida como los regalos que nos traen los amigos del pueblo de al lado.

No te voy a odiar por esto, no te voy a odiar por nada.

Simplemente después de conseguir tener tu confianza y de llevarnos bien, podré dejarte en visto, de poder pasar de ti, dejaré que pagues con la misma moneda.

Y espero que sí, como tonta y estúpida, algún día madures y vuelvas como hombre.

Porque te quise, te quiero y te querré siempre.

It Ain't Me- Selena Gomez, Kygo

Martes 19 de Septiembre de 2023

Una cafetería

Me hubiera gustado haber tenido una charla en una cafetería, con una conversación dolorosa pero bonita.

Hablando de todas las cosas que fallamos, cuánto daño nos hicimos.

No suelo tener mucho tiempo, pero para ti, lo tengo todo.

Ya no quería hablar de reproches, sólo de los bonitos años.

Cada día me cuesta menos olvidarte, pero esa pequeña astilla sigue allí…

Y no sé cuándo volveré a dormir y a descansar en paz.

Solo sé que ya no quiero hablar de amor con nadie más.

Ya no quiero volver a hablar de afecto, de futuros y de decepciones con nadie.

Tengo el corazón roto y cerrado por tu culpa, y no hay nada que sane esto…

No hay nada que sane.

Si pudiera repetir un momento, repetiría el día de nuestro primer beso.

Sólo recuerdo ganas, muchas ganas.

Tanto como para suplicar por ese beso.

Un beso que ahora mismo sólo me mataría.

Espero que quien bese tus labios sepa que eres veneno y a la vez droga.

No voy a romperme más el corazón, no voy a pensar ni en nuestro primer ni en nuestro último beso.

Porque lo único que me da por pensar es que algún día recibiré ese mensaje que diga que quieres cambiar y que podremos volver a intentarlo...

Pero sé en lo más profundo de mí que eso jamás pasará.

Rosas- La Oreja de Van Gogh

Viernes 29 de Septiembre de 2023

Estás aquí.... En mi corazón, de una forma tierna y bonita.

No paro de verte sonreír y pienso que tomaste una buena decisión.

Ya no lloro tanto, pero sigue doliendo y me arde por dentro.

No quiero confiar en nadie más, me da miedo volver a pasar por lo mismo más de una vez...

Y sé que es precioso, porque si duele es que fue precioso, joder, y vale la pena, pero todavía recuerdo el dolor de la primera semana.

El tiempo, no paro de pensar en que el tiempo se me paró, ¿a quién se le para el tiempo?

Jamás supimos querernos, ese fue el problema, que nos queríamos mucho, hasta morir y pienso que no teníamos ni idea de cómo hacerlo...

Aunque no debería perdonarte, por muchas cosas que has hecho, pero yo también he tenido lo mío.

Y te perdono, te perdono por todo, porque me gusta pensar que intentaste ser bueno conmigo aunque no supieras, porque yo tampoco supe de eso...

Pero hubiera dado la vida por ti y la seguiría dando, por todas las cosas buenas y los buenos momentos.

Me quisiste mucho en su día y fue precioso, me encantó sentirme querida, tuve más amor en ese momento que en toda mi vida.

He visto cómo te quiere una persona, aunque no lo hayas hecho al cien por cien, al final cada uno da lo que puede.

Joder, qué bonito es querer y tengo ganas que me vuelvan a querer así algún día de mi vida.

Sigue queriéndote así y mejor, encontrarás lo que necesitas.

El amor lo es todo.

Gracias.

As It Was- Harry Styles

Miércoles 4 de Octubre de 2023

Qué coñazo ¿eh?

Querido texto.

He hablado con Juana hoy, por eso te he enviado el mensaje de si podemos hablar que es importante.

Es que lógicamente hemos hablado de ti y de qué debo hacer contigo.

Me ha dicho que tu cerebro irá a la ciencia y tus piernas a los cerdos.

No, es broma.

Cuando volvimos a hablar la última vez, de nuevo te dije que no quería nada de ti, y así es, sólo quería llevarme bien contigo.

Y tú desgraciadamente no puedes darme un "hola, qué tal, cómo te está yendo el viaje" y bueno, no te voy a culpar porque sé que eres así, por eso te dije que cada vez vas a peor.

Porque yo no recuerdo el Iván de antes así, lo recuerdo más cotilla y un poco más atento, pero como tú bien me dijiste me has dejado de querer, entonces a una persona que no quieres no le vas a dar ese "hola, qué tal".

No te culpo de nada, en serio.

Me mentiste diciendo que te ibas a casa de tus padres, pero no fuiste. No quiero que pienses nada raro, pero sólo te diré que selecciones mejor a tus amigos, ya que éstos te venden.

Si yo quisiera saber algo de ti, de verdad, lo sé en un momento, pero desde que lo hemos dejado nunca he mirado tus redes sociales, nunca he preguntado por ti, porque sólo espero con todo mi corazón que de verdad estés bien y que todo te vaya genial.

Sé que te dije que si me bloqueabas no te iba a volver a hablar en la vida, pero necesito que tanto uno como el otro nos bloqueemos, siempre tengo la tentación de querer hablar contigo, de ver qué tal te ha ido el día y sé que tú no me vas a responder.

Te dije sólo eso de un "hola, qué tal", porque si no me sentía utilizada, y en realidad, tristemente me he sentido utilizada, y tú me dijiste que no era así, pero me he sentido utilizada éste mes de octubre.

Sólo me has abierto por sexo o para el trabajo cuando no has tenido coche, y yo lo siento mucho pero me quiero mucho y no quiero sentirme así.

Si tú quieres ser así, adelante, pero no conmigo.

Y a mí que no seas capaz de darme un follow en Instagram cuando tienes a tu ex y tienes a las demás y no a mi, me duele.

Porque me siento ignorada y no respetada.

Ojalá nuestra amistad, como teníamos planeado, se pueda recomponer más adelante, pero por tu parte no existe y yo no voy a tirar por los dos.

Así que yo te bloqueo de *message* y de *Whatsap*, porque sé que volverás a hablarme cuando estés solo o necesites un polvo y yo no soy sólo eso.

Te dejo que mires mis redes sociales si así te quedas más tranquilo sabiendo lo que hago y adónde voy.

Bloquéame tú también, por favor.

Ojalá un día pidas ayuda y entrenes tu empatía y así entiendas un poco cómo me siento y me he sentido, un poco ponerse en la piel del otro.

Cuando te llegue la correa te la enviaré por correo.

Te deseo toda la felicidad, te deseo que encuentres a alguien que pueda entenderte, que viajes, que encuentres el amor, que podamos soltarnos los dos, que seas feliz con tu familia.

Te deseo de verdad lo mejor Iván, porque aunque no lo creas, de verdad te lo mereces.

En serio, eres guapo, eres inteligente y eres gracioso y tienes muchas cualidades que adoro de ti y que sé que otra persona sabrá apreciar.

Y lo que más me jode tienes UNA POLLA una personalidad que echaré mucho de menos.

Después de ésto, te bloqueo en *Whatsapp*, tú ya lo has hecho y también de mensajes.

No te bloquearé de llamadas por si un día necesitas una emergencia, porque siempre podrás contar conmigo.

Un beso enorme.

Perfect- Ed Sheraan

Viernes 13 de Octubre de 2023

Tengo un dilema en la vida

Y es que me da miedo que estés con alguien a quien sabes que al final acabarás haciendo daño.

Y parece tópica ésta frase, pero a veces en nuestra vida aparecen pequeños salvavidas, que nos salvan y nos hacen felices porque nos están salvando de algo que nosotros solos no nos veíamos capaces.

Podemos llegar a querer mucho a ese salvavidas, pero en el fondo es sólo es eso, un pequeño (o gran) empujón para salvarnos y puede ser que sintamos que ya no lo necesitaremos cuando estemos salvados.

No quiero decir que vayamos a dejarlo, quiero decir que no le demos la esperanza de que siempre lo necesitaremos para poder salvarnos.

Es duro hacer daño a alguien sin ninguna mala intención.

Pero es más duro ver cómo está persona lo da todo, y tú no puedes llegar a abrirte lo suficiente como para llegar a sentir.

El daño de las personas pasadas estarán aquí, siempre.

Y hasta que no se arregle del todo, no estarás lo suficientemente estable como para poder caerte de nuevo.

No eres estable para nada.

No eres estable ni para vivir.

No quieres hacer daño, pero tampoco sabes cómo evitarlo.

Lord Huron - The Night We Met

Lunes 16 de Octubre de 2023

Otro bajón, una recaída.

¿Eso significa que estoy progresando?

Después de este primer mes sin tener noticias de ti, aunque bueno, la última fue cuando tenía que sacar las cosas de nuestra mi antigua casa, porque tú me hacías pagar sólo por dejar allí mis cosas cuando todavía no tenía nuevo hogar.

Estoy hecha mierda y lo peor es que hoy no pienso en nada, solo en ti. Otra vez.

En el dolor de saber que ya no estás, todos los fines de semana son iguales, y no entiendo el porqué del fin de semana.

Ya no pasaremos las mañanas juntos haciendo las cosas de la casa ni saldremos luego a comprar y a comer fuera. Éramos como un matrimonio sin hijos.

Ahora, cuando llega el sábado reviento a llorar, necesito fumar y estar en otro mundo y eso me agobia porque siento que no aprovecho mis días y tú sabes que eso lo odio muchísimo, el no hacer nada y quedarme apalancada en el sofá sin hacer nada.

Cada día me pregunto cuándo estaré bien y cuándo seré la mujer que quiero ser.

Cada día digo que será el último porro, pero me entra la ansiedad, el disgusto. Me entra todo lo malo y recurro a esa mierda para no pensarte.

He reído varias veces y eso me hace feliz, eso es un buen comienzo.

Me obligo a salir de casa porque si no, se que me quedaría hecha trizas en el sofá.

Hay sitios a los que no puedo ir, y olores que intento evitar.

¿Te acuerdas de que alguna vez hablamos sobre cuánto tardaríamos en acostarnos con otra persona si lo dejamos?

Siempre te decía un mes. ¿Un mes, o una vida?

Jamás me planteé bien esa pregunta porque jamás supe qué era el amor, y ahora que lo sé, pues no sé cuánto tiempo tardaré para sentirme preparada.

Espero que tú lo lleves mejor que yo, aunque por lo que me contabas no eres de dar muchos pasos, capaz que después de estar conmigo tengas más confianza en ti mismo, creo que te demostré que tienes que tener fe en ti, que eres un chico inteligente y que sobre todo tienes mucha suerte en la vida, menos por haber estado conmigo.

Recuerdo aquel día, llorando juntos en casa, que no podía parar de decirte entre lágrimas, que tenías siempre suerte en todos, menos en la novia.

Puedes Contar Conmigo- La Oreja de Van Gogh

Lunes 23 de Noviembre de 2023

La vida vuelve avanzar pero no como yo esperaba...

Veo días, vivo momentos, siento cosas, pero el sentimiento no es el mismo de antes.

Me pregunto cuándo volveré a ser la misma, porque ésto me duele muchísimo todavía.

Siento ese vacío tan grande dentro de mí, y es un bloqueo enorme.

Sé que avanzo pero me cuesta muchísimo, sobre todo porque ya no me puedo quedar tirada en la cama durmiendo y llorando como antes.

Quiero recordarme que hago muchos avances en mi vida y que están bien, que hago lo posible para sacarte de mi cabeza aunque mentalmente a veces estás a mi lado como en ese festival.

Me acuerdo cuando el año pasado salimos de ese festival y te dio por gritarme muy fuerte y porque sí. La liaste tanto que todavía no puedo entender qué pasó... ¿Realmente hice algo mal? ¿O simplemente querías tratarme mal y decidiste que ese era el momento?

Lost On you- LP

Lunes 4 de Diciembre de 2023

No sé si te importa, pero estoy invirtiendo tiempo en mí.

Eso no significa que haya dejado de pensar en ti.

Pero tomo las riendas de mi vida y quiero ser feliz, y debo continuar sin ti.

Seguirás a mi lado, porque ya serás imposible de olvidar hasta el resto de mis días.

Pero ya no te pensaré tanto como lo hacía antes.

Ya no iré a ninguna parte del mundo y cogeré un recuerdo para ti.

Ya no pensaré qué bambas te gustaría que me pusiera para salir.

Ya no estaré mirando a ver si miras mis historias de *instagram*.

Sé que tú también puedes tener ese tiempo, sólo que no tienes la motivación necesaria.

Así que no sé cuándo empezaré a tomarme mi tiempo, porque sé que lo estoy iniciando.

E iniciar algo es bueno, es motivación.

24 Rosas- Aitana

Miércoles 4 de Enero 2024

No puedo parar de fantasear que algún día volverás.

Pero volver de verdad.

No sé cómo puedes hacer como si nada, echarme un polvo y dejar de hablarme como si fuera tu prostituta.

Un polvo, unos mimos, unas palabras bonitas y adiós.

Salgo de tu casa hecha mierda, sabiendo que lo he hecho mal, que no debería, que al final me has regalado los oídos, y vuelvo a mi casa con lágrimas, pensando otra vez que eres el amor de mi vida.

Pensando en todas las cosas que hice mal durante la relación, empiezo siempre desde el primer día, comiéndome la cabeza, recuerdo que fue en San Juan, todo a la mierda.

A los pocos meses de vivir juntos, joder.

Recuerdo que solo te pedí el favor de traer el perro de mi abuela a casa, porque le daban miedo los petardos y tú dijiste que ni pensarlo, enseguida ya empezaste a decir que no, que te molestan los pelos, que "no" era tu respuesta final sabiendo que mi abuela había estado ingresada y que no habría nadie en casa, querías dejar un animal solo.

¿Cómo una persona puede ser tan egoísta? En serio.

Encima como si fuera sólo tu puñetera casa, como si jamás hubiera tenido opinión en ese lugar.

¿Te acuerdas de la discusión de la alarma?

Yo no quería una alarma en casa y tú por tus huevos pusiste una alarma.

¿Sabes cuantas veces me asusté porque hablaba sola?

Y las veces que pitaba porque sí.

Y aunque alguien de aquí diga que por lo menos tenía seguri-dad, pasaba tanto miedo...

Dolerme- Rosalía

Viernes 12 de Enero de 2024

Si me vuelven a preguntar por qué no he quitado las fotos de mi ex...

Si no he quitado las fotos de mi ex, es porque aunque todo haya terminado, tuve la suerte de poder haber sido amada de verdad, de sentirme querida, apreciada y cuidada y muy protegida en un momento de mi vida.

Si no quito sus fotos, es porque fueron publicadas en el momento adecuado, donde sentía tanto amor que iba a estallar.

No quito sus fotos, porque durante 3 años fue lo más importante de mi vida.

Fue la persona que detrás de una pantalla me hacía los exámenes, fue la persona que se preocupó un montón cuando un autobús me atropelló.

Fue, y siempre lo diré, el amor de mi vida.

La persona que cuando me iba de su casa le dejaba una notita y me decía que la buscara, una notita de agradecimiento por hacerle entender que había tenido el mejor momento de mi vida con él.

Hubiera querido que él fuese el definitivo, claro que lo quería, claro que lo quiero.

Pero en éste momento de mi vida, entendí que a él le toca madurar y aprender para poder empatizar y a mi me toca aprender, madurar y comunicarme.

Y me costará un montón saber y entender que habrá otros momentos en la vida, pero que ninguno serán como los suyos.

Porque no es que fuera especial, pero era especial para mi.

Cuando existe una conexión tan fuerte con alguien, sabes que esa persona te va a dejar cicatriz de por vida.

Sonríes, sigues tu vida, y claro que piensas en él , pero solo el destino dirá si debéis o no estar juntos .

Pero ambos necesitamos conocer otras personas, tener otros momentos y aunque para mí sé que no habrá mejores momentos que los que pasé con él, debo darme la oportunidad de dar la bienvenida a los nuevos.

No hay más dolor que dejar ir y saber que nada va a ser igual.

Ojalá el destino haga bien sus cosas, ojalá seas tú, ojalá.

Y si no es así, ojalá encuentres la suerte de otra persona a tu lado.

Si no estás- Iñigo quintero

Miércoles 7 de Enero de 2024

Si tuviera que quedarme

Si tuviera que quedarme hasta dolerme, lo haría.

Aunque sólo fuera para abrazarte y estar en silencio, lo haría.

Aunque nuestros caminos no estuvieran en el mismo horizonte, me quedaría a tu lado haciéndote compañía, aunque me doliera.

Pienso en nuestra cama, y en el invierno. Pienso lo bien que estaría abrazándote, tumbada y congelando los pies.

Siento que ya nada importa.

Que ya no me interesa la compañía de nadie más.

Ni un beso, ni un buen polvo.

Ya no me interesa nada de eso.

Provenza- Karol G

Miércoles 14 de Febrero de 2024

Feliz San Valentín.

Recordando que el año pasado fui la persona más gilipollas, regalándote las entradas de Rauw Alejandro, al que al final fuiste con el amigo que te rompió el retrovisor del coche.

Literalmente más de 100 euros tirados a la basura, y por no recordarte la cara de mierda que tenías encima.

Parecía que no hubieras escuchado una canción de él en tu puta vida y un día antes de regalarte las entradas escuchábamos en tu coche el álbum entero.

Intento recordar qué me regalaste y creo que no fuiste capaz de intercambiar ni un puto te quiero, ni un polvo hubo en esa fecha.

¿En qué momento se rompió nuestra relación?
Porque ésto pasó mucho antes de que rompiéramos.

Y éste año intento recordarme que da igual si tengo pareja o no, que el tener pareja no implica que algunas fechas se celebren, algunas simplemente creo ni las recordamos como nuestro aniversario.

Y no sé cómo me he sentido tan tonta que después de todo en unos días te llegará un vibrador, para ti, tu regalo de San Valentín que no te mereces y no sé por qué, ya que el dinero que apenas me sobra y sabiendo las cosas que me vienen ahora... Y por no decir que estoy en el paro.

Sí, estoy en el paro, he empezado a quererme un poco y he decidido escoger un trabajo que me guste y estar donde me traten bien y sepan valorarme; no como tú, que sólo aceptas el trabajo por el dinero, cuando cada maldito día te duele la cabeza.

Hazme un favor, no vuelvas aunque yo misma te escriba mil veces, ahora te he bloqueado de casi todos los sitios, porque no veo justo que sigas mirando mis redes sociales.

No es justo que me dejes en visto cada dos por tres.
Aunque bueno, eso al final también es una respuesta.
Ojalá disfrutes de mi regalo y algún día me devuelvas el juguete que me deje en tu casa.

Todavía tengo que enviarte el detalle de Lisboa y la correa del reloj cuando me llegue.
Es difícil irse de donde uno no se quiere ir, pero soy consciente de lo poco bien que me tratas...

Ojalá para mi cumpleaños decidas no felicitarme, aunque, por otro lado, me encantaría, pero sé que me haré ilusiones y paso de que te aproveches de mí (otra vez).
Que te vaya bien y espero que utilices mi regalo, está bien recordar alguna vez uno al otro.

Donde estabas- La Oreja de Van Gogh

Lunes 19 de Febrero de 2024: ROMA

He vuelto a Roma y sabía que los recuerdos me iban a desbordar, y así fue.

Recuerdo cada rincón donde estuvimos, cada rincón donde tomamos una decisión, un beso, un "dónde vamos a comer hoy".

A qué hora haremos la siesta, dónde saldremos de fiesta, dónde iremos a pasear y qué iremos a ver.

Y los patinetes, la mejor experiencia de mi vida.
Y Roma se quedó con un mal sabor de boca, me dejó triste.
La ciudad más bonita del mundo.

Escuché la canción de Elvis esa que hace que se me pare el tiempo y que hubiera bailado contigo mil veces (Can't help falling in love)
Hubiera bailado, amado y casado con esa canción.

Sé que nuestra relación al final fue una mierda, pero nuestros viajes eran la hostia.

Yo te guiaba y tú dejabas que te llevase, te dejabas fluir conmigo.
Ojalá hubiéramos hecho más viajes, pero sé que el día de tu cumpleaños siempre te vas a acordar de mí.

Creo que un viaje es el mayor regalo que te pueden dar.

Me acuerdo de cada detalle que has tenido conmigo, de las mil maneras como me lo has dado, ese pequeño detalle.

Y te juro que me saca una sonrisa recordarlo.
Sé que tendré más sonrisas, más momentos así y espero que sea con alguien que sepa apreciarlo.

Sé que no lo haces mal, sé que no me odias, simplemente que te importa una mierda la vida y que sólo te importa comprar una casa a tu nombre, tener tu coche y hacerte una paja los jueves y los domingos, que son los días que tienes más tiempo libre.

Snowman- Sia

Jueves 29 de Febrero de 2024

Esta es mi última carta, la última carta que jamás te enviaré porque ya me di cuenta de que no valía la pena decirte nada, ni explicarte nada, que no quiero perder más mi tiempo.

Pero como siempre necesito escribirte la tristeza y la rabia que siento, y es que después de pedirte el favor de quedarme en nuestra casa, porque aunque no pague actualmente el piso (y hayas hablado con la propietaria, a la que no fuiste capaz de decirle que me habías echado y le dijiste que me fui yo) sigo estando empadronada y sigo siendo inquilina.

Pues después de pedirte de buenas maneras que por favor me dejaras en tu casa, que te pagaría, que acataría tus normas, que dormiría en la habitación de al lado... sólo me dejas en visto, sin ninguna palabra.

Tonta yo, porque escribirte sabiendo la respuesta aunque no obtuve ninguna, pero bueno, no me bloqueaste, que ya es mucho. No sé si esperabas que insistiera, o te pusiera a parir.

Pero lo siento, no.

Pues ahí supe que ya no quería saber nada más de ti, que mi vida continuaba sin ti y que te daba igual que me quedara en la calle.

Te la sudaba, te daba igual.

Así que lo siento mucho, yo ya le hice creer a mi mente que estás muerto, desaparecido, y sé que son palabras muy fuertes pero es que tu narcisismo es tan grande...

La vida sigue, en nada cumplo veintinueve y sinceramente ya no espero ni tus felicitaciones, y por favor, no me felicites...

Me has decepcionado, pero también me has abierto los ojos.

Espero que algún día encuentres la ayuda necesaria para solucionar tus problemas mentales.

Yo me voy, me voy lejos de ti.

Lo hago porque no quiero saber nada de ti, porque la vida sigue y hay planes increíbles allí fuera que jamás me dejaste hacer y que me obligaste a quedarme en casa, por tu mierda de inseguridades.

Sé feliz y encuentra lo que necesites.

Yo espero encontrar a alguien que me haga igual o más feliz que cuando nos conocimos, que me haga reír como hacías tú y que me apoye y me quiera como no lo hacías tú.

Espero cruzarme con alguien que sepa tener un detalle conmigo el día de mi cumpleaños, no como tú.

Espero alguien que me regale una rosa algún día.

Espero algún día que alguien me escuche cuando esté mal y no me ignore.

Espero alguien que no me obligue a tomar anticonceptivos.

Espero alguien que no me levante la mano.

Espero alguien que no me tape la boca cuando discutimos.

Espero alguien que me quiera cuidar, amar y respetar.

Espero alguien que quiera seguir dando pasos conmigo.

Espero una persona que haga todo lo que tú no tuviste cojones de hacer conmigo, como vivir, porque no hay nada más bonito que querer vivir y disfrutar de la vida y no quedarte en casa.

Sé que volveré a ser feliz, muy feliz y tú nunca más estarás en mis planes.

Espero que algún día leas todas estas cartas y si no las lees, yo lo habré intentado de todas las maneras.

Gracias por abrirme los ojos.

Que nos vaya bien.

Como Britney- Vicco

Martes 13 de Agosto de 2024

Mi última carta. Ahora sí.

Sé que te integrará este libro y capaz que lo compres, capaz que le eches una mirada porque piensas que voy a decir barbaridades de ti.

Recuerda que yo no miento como tú, quiero a las personas que realmente me quieren.

Lamento que estés tan solo que debas estar con personas que no te aprecian un poco, que sigues con ellos aunque te jodan, porque no tienes nada mejor ni quieres buscarlo.

A todas las mujeres que han tenido un hombre como tú a su lado, les recomiendo que se vayan lejos, que lloren lo que tengan que llorar pero se vayan muy lejos.

Porque eres veneno y el veneno no lo quiere nadie.

No voy a negar que todavía hay días en que te pienso, ni voy a negar que te sigo queriendo.

Pero después de tanto tiempo de pensar y sobrellevarlo, me he dado cuenta que no eres mi *Mr Big,* lo pensé mil veces, mil veces quise que fueras también mi *After.*

Siento que me robaste todo el amor que tenía, que ya no podré volver a querer ni a sentir.

La persona que hace años conocía cuando me miraba al espejo, ya no la reconozco, ya no sé quién es.

Ya no sé ni lo que quiere del futuro.

Si te preguntas por qué llevó el collar, es porque me hace feliz recordar que en algún momento de mi relación fue muy feliz, que al final no todo fueron desgracias.

¿Cómo un hijo de puta puede ser mi debilidad?

Te deseo la mayor suerte, te deseo todo el amor que me queda.

Dejame entrar- Rauw Alejandro

Chandelier- Sia

Nunca te dicho esto, pero quiero que sepas que en todos los años de amistad que tuvimos, fuiste una persona muy importante para mí, y esa amistad desapareció de un día para otro, sin saber el porqué, aún así te deseo lo mejor en tu vida y que consigas todo lo que te propongas

Muchas gracias por haber formado parte de mi vida y espero que consigas todo lo que te propongas y seas feliz ♥

Anónimo

Aunque no te pueda ver- Alex Ubago

Carta con 900km de distancia.

Hola, esta carta no sé si será extensa o corta, lo único que sé es que seré sincera y te abriré mi corazón como siempre lo hice.

La vida a veces nos prepara para cosas y nos da lecciones...a mi me preparo y me hizo aprender una lección contigo. Te juro que jamás pensé enamorarme de ti, pero en el corazón nunca se manda, creo que cuando conectas con alguien las cosas fluyen y bajas la guardia. Yo pensé que seguiríamos juntas a pesar de la distancia y que podíamos salir adelante a base de los planes que habíamos pactado pero creo que al firmar ese pacto, jamás me comentaste que habían "letras pequeñas".

Eres una chica increíble, totalmente lo pienso y lo sigo pensando, a pesar de haberme lastimado por tus miedos y egoísmo, todos tenemos defectos y cosas negativas que a veces no sabemos gestionar, pero también sé que yo di mucho y por momentos me conforme con lo poco que me dabas en ocasiones. Nuestra historia fue muy bonita desde el momento que nos conocimos y hasta ahora no sé cómo fue que llegamos a compactar en tan poco tiempo porque esta conexión no la vuelto a tener con nadie y creo que eso tú también muy en el fondo lo sabías, solo que la diferencia entre tú y yo es que yo admitía mis sentimientos mientras tú por miedo, seguías negándolo.

Admito que tu rechazo al final me dolió tanto que perdí la brújula de mi vida, me hiciste creer que estaríamos juntas a pesar de la distancia, que íbamos a luchar porque lo nuestro saliese adelante, pero como vuelvo a repetir : "solo yo firme el contrato sin que tú me advirtieron de las letras pequeñas"..

Ahora han pasado meses, he caído y vuelto a levantarme, he tenido que comerme tu indiferencia y decepcionado que ahora ya no duele lo que hagas. Tuve que eliminar las apps donde compartimos cosas juntas por mi salud mental, por mi estabilidad, has sido el amor más bonito que tuve, porque tú me enseñaste que el amor se da de formas diferentes...pero también me enseñaste que el amor no solo es dar, si no también recibir. Te agradezco haberme roto el corazón en parte, contigo aprendí que siempre hay que darse un lugar y tener la dignidad intacta así muera por saber de ti, de cruzar medio continente solo para abrazarte porque tú sabes muy bien que lo haría, que cruzaría muchos países solo por ir a tu ciudad, tocar tu puerta y dejarme tus flores favoritas y decirte que solo con abrazarte y mirarte ya me hacías feliz.

Esta es mi última carta, la carta donde te digo que muchas gracias por demostrarme tu inseguridad pero también una forma distinta de amar. Te agradezco haberme dejado, porque también aprendí a quererme más, a valorarlo y apreciarlo mucho más. A darme cuenta que quien quiere estar conmigo en serio y a quien solo me quiere para pasar el tiempo. Gracias por darme la mejor lección de vida amorosa: el amarme más y no suplicar por tus caricias y te deseo lo mejor. Se que ahora estás con alguien a los días de haberme dejado, pero muy en el fondo sabes muy bien que solo estás llenando vacíos emocionales, se que algún día te darás cuenta de tus errores, pero sabes muy bien que lo que te di, jamás podrás reemplazarlo, porque sabes muy bien que te di lo más sincero y bonito que jamás recibirás y eso fue amor,motivación, comprensión y empatía.

Anónimo

Labios compartidos- Maná

Nunca te dije que ya sabía que me estabas mintiendo y aun así seguí ayudándote. Con tus proyectos y metas. Que tenías a alguien más. Todos los hombres regresan pero el que te amo y te quiso como a ninguna no vuelve.

Anónimo

Tocado y hundido- Melendi

A veces cuesta entender las situaciones
Entender cómo te sientes, y
Aceptar las condiciones

Te fijaste en mi
No me quedaron más opciones
Me pillé de ti
Yo Dalí
Y tú Gala en mis canciones

Así aprendí
Que con besos y vacaciones
La sonrisa en tus labios
Ya no cubre mis errores

Pero qué le voy a hacer
Tu de dia y yo de noche
Esa sonrisa fanfarrona
Por botón que desabroche

Tomamos iniciativas
Tu por lista
Yo por pobre
Siempre te ganaste oro
cuando solo te di cobre

No te olvides
Ten cuenta
Esa canción que tú deseas
Y esque por tu beso flaca
Yo daría lo que sea

Y es verdad que te mentí
Te juré que no me enchocho
Si por mucho que lo niegue
Seguiré pillado por ti

Anónimo

Peter Pan- El Canto del Loco

Querido ex amor de mi vida.

Qué raro empezar así una carta, pero siento que así fue en su momento y que se me quedaron muchas palabras en el aire, antes de separarnos por completo.

Nunca supe agradecerte lo suficiente por todo lo bueno y bonito que hiciste conmigo; los pequeños detalles y los grandes hechos que tuviste hacia mí.

La vida me golpeaba y tú siempre estabas cerca para amortizar los golpes, para darme cobijo y hacerme sentir lo más cómoda y feliz posible, y eso, no lo hace cualquiera.

Nunca, nadie supo darme tanto sin jamás pedir nada a cambio, es más, sin ni siquiera echarme en cara tantos buenos actos que tuviste hacia mí, y como te decía, nunca supe agradecerte ni a ti ni a tu familia, dicho de otra manera, siempre voy a estar en deuda contigo de alguna manera.

Deseo tu felicidad completa, siempre voy a estar feliz por las cosas que consigas y, debes saber que me enseñaste a querer a alguien de forma limpia, sin celar, sin guardar rencor (nunca me diste motivos), y ojalá pudiera recordarte que si en algún momento necesitas un hombro amigo, voy a estar para ti como tantas veces estuviste para mí.

En su momento te dije que siempre te iba a querer, y por supuesto que ese amor va en otra dirección, pero definitivamente no encuentro un solo motivo para no quererte, aunque sea como un gran amigo.

PD: Me gustaría ser más expresiva con éstas letras pero creo que toda la carta se puede resumir en una sola palabra: GRACIAS.

Anónimo

El primer dia del resto de mi vida- La Oreja de Van Gogh

Yo también me estoy autodestruyendo, lentamente. Sabes que hoy le he explicado a un amigo toda mi historia, la completa, la que ni siquiera tú sabes del todo y me he dado cuenta de mi propia fragilidad? Llevo tiempo recordando cosas de mi infancia, como cuando el primer día de cole una niña me dio una bofetada de la nada y se volvió mi mejor amiga.

Como cuando me enfrentaba a mis amigas cuando atacaban a las niñas rusas de clase y me ganaba un tiempo de exilio de las niñas guays, como cuando me dejaron fuera de la primera quedada para el cine por ello, como cuando dejaba de destacar en las cosas por miedo a llamar demasiado la atención... Me he planteado muchas cosas, como lo que en el fondo me gusta ser jodida y las pocas ganas que tengo de vivir pero las inmensas ganas que siempre he tenido de sobrevivir. Sé que suena contradictorio pero si lo piensas tiene lógica.

He hecho de todo para sobrevivir, me he vendido y he vendido, he mentido y he manipulado, he sido un proyecto de algo que no soy y he huido de mi misma, pero la puta verdad es que no soy nada, nunca he sido nada y lo he sido todo. Todo para los demás, nada para mí. Porque la verdad es que no me quiero, no me quiero una mierda porque nunca me han enseñado a quererme ni he querido aprender. A veces es tan sofocante ser yo que me refugio en otras vidas, y ahí es donde entras tú.

Lo siento y te pido perdón pero creo que te utilizo, aunque creo que es mutuo de alguna manera así que me siento un poco menos culpable pero si, te utilizo. Apareciste en mi vida en un momento en el que estaba grandiosa y pensaba que estaba a punto de conseguir la libertad tan ansiada, pero era mentira y que apareciste por algo.

Ahora sé que era falso lo que pensaba que conseguía, igual no estaba preparada, igual nunca lo estaré porque me odio a misma, y solo tú y quizás alguien más sabe que es así, pero apareciste y me gritaste el mundo. En cierta manera volví a creer en el amor pero perdí la película que me había montado para ser "feliz", y por ello te odio, me odio, nos odio.

Ya la vez te estoy eternamente agradecida por todo, porque de alguna manera extraña me das ganas de vivir, y si, lo quiero todo. Lo bueno, lo malo y todo lo que ha habido entremedio, aunque entre tu y yo entremedio ha habido poco y demasiado, pero eres lo mas real que me ha pasado, porque aunque ni tu misma te creas tu realidad, yo tampoco, y creo que eso es lo que vemos la una en la otra, lo que no se puede calcular ni explicar, lo que no se puede analizar, lo que no tiene sentido.

Sólo pasa, es y sucede, en bucles infinitos pero no tiene una fórmula, ni la tendrá jamás. Yo nunca podré escribir un libro sobre ti porque no te tengo estudiada ni analizada. Ni soy capaz ni quiero, porque en el fondo sabes que si lo hiciera me cansaría, y lo más raro es que tampoco podría porque para mi eres ilegible, como en la peli de crepúsculo (suena moñas pero acabo de pensar en la similitud). Pero si, me haces vivir porque soy egoísta, porque necesito cuidar para sentirme viva, en el fondo te necesito enferma. Me da asco decir esto, me doy asco. O quizás no, quizás si estuvieras bien o al menos mejor me dejaría cuidar, no sé, nunca se me ha dado bien, o nunca he encontrado a la persona. Otra cosa que tenemos en común es que irónicamente siempre me he sentido muy sola, y sabes que siempre he estado rodeada de gente, pero siempre he estado sola. Bueno, no siempre, de pequeña estaba sola con ellas.

Sola con ellas discutiendo todo el día haciéndome creer que eran las únicas que existían, ellas siempre discutían, sobre todo de noche. Y Cuando por fin callaron me sentí más sola que nunca, a veces hasta las echo de menos. Sus gritos dentro de mi cabeza y su capacidad de forzarme a intermediar, aun recuerdo sus voces... hasta llegue a ponerles cara. Una era tosca y morena, y la otra era pálida pero también morena, más fina. Lo irónico de la situación es que me he tirado media vida deseando que se callaran, que me dejaran en paz. Ycuando se fueron al principio fue un joder gracias a dios, por fin.

Estoy curada. ilusa. Ahora las echo de menos, me siento tan sola y solo deseo que vuelvan. Que me hagan compañía. Sabes que no suelo escribir, pero hoy me ha dado por hacerlo y no con ninguna intención sino por soltar, o no se, nunca se, nunca se nada, ya te he dicho que no soy nada.... a veces me siento tan culpable de ser tanto para otras personas cuando yo se que no soy nada, me siento una farsa andante, y caminó sin rumbo aunque se que lo tengo y sé que no yno se si lo tengo y mi cabeza, mi puta cabeza... estoy tan jodida que no se si algún día podré conseguir algo.

Y de alguna manera te admiro por tener la capacidad de ser tan destructiva y dañarte, hacerte daño, si, es así de jodido porque yo no puedo ni eso, no me lo puedo permitir, ni siquiera soy dueña de mi propia vida. A veces acabaría con todo pero no tengo el valor y lo peor de todo es que no es ni siquiera por mi. Mi vida no me pertenece, nunca me ha pertenecido. Le pertenece a mi madre, a mi tia, a mi hermano, a mis animales, a mis pilares y a mis amigos, a ti. He luchado tanto por luchar, he sido tantas veces la persona más valiente para tantas personas que estoy agotada. Y No! Ni soy valiente ni lo he sido jamás, es todo una farsa, una pantomima para no dañarlos a ellos.

Al fin y al cabo soy una puta, siempre he sido una puta y siempre lo seré una puta emocional, social y personal. Y no, no me compadezco, no soy ninguna mártir. Nunca me ha faltado comida ni cama, no he sido maltratada ni me han negado derechos, solo sentimientos quizás, eso sí, sentir estaba prohibido, sentir es de débiles y llorar es un lujo que solo tienen los mayores. Ahora soy mayor y puedo llorar, pero no se por que lloro, en serio, nunca se porque lloro, pero ahora soy mayor y puedo hacerlo a grito pelado. El otro día mi madre me dijo que ella tenía la culpa de todo, por primera vez, que tuvo una depresión post parto. Que me amaba con locura pero no sabia que hacer conmigo, que estaba triste y estresada pero nadie más lo podía notar, nadie más que yo. Que tenía una de dos opciones, o rechazarme o convertirse en el centro de su vida. Por suerte fue la opción b. Por suerte? Si, por suerte.

Me hace pensar en ti y en tu madre, en cómo sería yo si hubiese escogido la A y me hubiese abandonado. Yo hubiese sido una puta psicopata, lo sabes tu y lo se yo, asi que tu en cierta manera para mi eres un puto regalo, miralo asi. Siempre te veré como eso y no habrá nada ni nadie que me haga perder la esperanza, ni siquiera tú misma.

Te admiro Andrea, y a veces me admiro incluso a mi misma por tener la energía vital de hacerlo porque seamos francas,no es fácil y menos siendo yo, siendo como soy y no pudiendo echarle huevos y decirte que confies en mi y que todo irá bien, que no te voy a fallar... y esto te lo digo sabiendo que mañana volveré a despertarme pensando que puedo con un nuevo dia, que todo esto es mentira y que si, puedo Supongo que sí, puedo con algo, aunque no sepa aún lo que es.

¿Pero sabes qué? Y aquí me quedo en blanco porque ni siquiera yo lo sé. Éste es mi escrito, ésta es mi confesión y sólo tú la vas a tener, nadie más. Ahora sí, espero la tuya, y no es una pregunta. Y sí, te siento, porque querer es otra cosa y no lo refleja. Pero las dos lo sabemos, no somos nosotras. Yo necesito a alguien que cante conmigo algo tan banal como *nobody wants go be lonely*, tú necesitas alguien que te frene. Pero nos amamos, y nos amaremos por siempre. Y no, no es una carta de despedida, es la que he querido darte toda mi vida.

Anónimo

Saturno- Pablo Alborán

Querida alma gemela:

Tantos años después, sigue siendo mi pérdida más dolorosa. Todavía te quiero, te extraño.

Pienso en ti e incluso fantaseo con que todo vuelve a ser como antes, aunque, con todos los años que han pasado, por supuesto que sé que nunca más lo sería, pero fantaseo con volver a esos tiempos en los que mi pilar más grande estaba siempre de mi lado.

Quiero pensar que la vida nos llevó a separarnos, pero aunque haga esfuerzos convencerme de ello, no entiendo por qué te separaste de mí. No sabes cuántas cartas te escribí, cuántos dibujos te hice ni la cantidad de cosas que quisiera contarte, demasiadas para una sola carta.

Poco después de que te fuiste, mi vida dio un bajón enorme por muchos motivos, lo pasé mal, por no decir muy mal, y a día de hoy sigo recuperándome.

Descubrí cosas, aprendí muchas otras y todas las quisiera compartir contigo, pero como decía, la vida (y tú) decidió que no fuese así. Mentiría si te digo que no te guardé rencor, y es que en su momento mi cabeza no lograba procesar el por qué motivo mi mejor amiga ya no estaba a mi lado cuando más la necesitaba, pero con el paso de los años quise entender que tal vez tu vida necesitaba ese cambio que no conozco pero que seguro que era lo mejor para ti, y parte de lo mejor para ti, era que yo no estuviese en esa vida, cosa que también entiendo, desgraciadamente.

He conocido a muchas personas pero a nadie le queda tan bonito el rojo como a ti, tampoco he conocido a nadie con quien compartir los días de lluvia de la misma forma que contigo, ni he vuelto a tener nada parecido a una "G'Night", por supuesto.

Durante años busqué tu sonrisa en otras pero nunca estuvo en ninguna y de eso aprendí algo que ya sabía antes de perderte; que eres irremplazable.

Desde antes de empezar a escribirte estoy pensando en cómo despedirme, y es algo a lo que no quería llegar, porque para mí siempre quedará ese café pendiente, aunque tarde veinte años más, pero nunca quise despedirme de ti y tampoco quiero hacerlo ahora por escrito, pero supongo que de eso se trata una carta, ¿no?

Por si acaso llegas a leerme, que sepas que sigo pidiendo tu amistad en cada pluma que piso, que todavía escucho la música que escuchábamos y cantábamos en el parque de madrugada porque me recuerda a ti, que sigo pasando por lugares en los que fuimos felices, y que me tatué un ancla, y también tu frase, porque nunca, jamás dejarás de estar en mi corazón y ahora también estás en mi piel, no importa qué fue lo que nos separó.

Espero que a ti te esté doliendo menos que a mí, que estés teniendo una mejor vida que yo, que no me hayas necesitado y que estés consiguiendo todo lo que querías en tu vida.

También debes de saber que sigo teniendo una cajita de animal print llena de tus cartas, dibujos, collares, tu peluche de koala, la pelota de tenis de leopardo y un montón de cosas que fueron tuyas, o nuestras.

Sigo sin querer ni saber cómo despedirme, así que lo haré de forma que tú lo entiendas:

"Conocerte fue casualidad, o causa del destino, gracias cada detalle, por pequeño que parezca, las almas separadas por el cuerpo necesitan estar cerca, tu aura me da vida... te agarraré la mano si duermes y la dejas caída."

Anónimo

Viernes 8 de Marzo de 2024

Nunca más…

Nunca.

Espere hasta el último momento de mi vida, espere esa felicitación. Cada vez que alguien me felicitaba esperaba que fueras tú.

No hubo ni una carta, ni un mensaje y menos una llamada.

Allí supe que todo se había terminado, desde el Sábado 9 de Marzo de 2023 supe que ya se había terminado.

Jamás en mi vida había sentido tanta lástima por mí.

Juré no engañarme y decirle a la gente que me daba igual, que si no lo hacías no me importaría… Mentí para sobrevivir.

Recuerdo hasta tu primer cumpleaños conmigo, que fue poco después de conocernos, te regalé una sudadera que te encantaba de Hollister y una bolsa llena de Milka, por un Tiktok que enviaste.

Chocolate que jamás te comiste y tuviste que tirar.

El siguiente año fue cuando nos fuimos a Londres, porque me pareció un magnífico regalo que pudieras empezar a ver el mundo.

Y Roma, donde me propusiste matrimonio.

Era un para siempre, y pocos meses después tuve que volver a pisar y recordar que allí me pusiste un anillo en el dedo, anillo que sigue en el mismo dedo, anillo con el que te declaraste y luego decidiste negar delante de tus "amigos".

Sólo recuerdo un aniversario que antes de ir a trabajar me trajiste un pastelito de la primera tienda que encontraste.

¿Te puedes dar cuenta ahora quién quería más al otro?

Espero con ganas que algún día me regalen ese viaje que me merezco.

París fue más triste porque te dio la vena de volver hablarme y no pude disfrutar mi viaje en solitario por cada uno de tus mensajes.

Estoy cansada de que te pique la polla.

Si yo fuera un Chico- Beyoncé

Jueves 15 de Agosto de 2024

Hazme un favor, lo único que te voy a pedir el resto de mi vida.

Que nadie te quiera menos de lo que te quise yo desde el momento que nos conocimos.

Aunque seas un narcisista, sigo creyendo que eres el amor de mi vida, pero en otro universo paralelo, en otra dimensión.

Me encantaría que pudieras encontrar a alguien que te hiciera reír igual que lo hacías conmigo, alguien con quien pasar el fin de semana juntos, una persona que quiera comerte a besos, a quien no le importe depilarte la espalda ni el pecho.

Alguien que en tus malos días sepa sacarte una sonrisa y en tus mejores días quiera compartir esa victoria contigo.

Te quise como mejor pude y supe, porque nadie me enseñó a querer, y sabes mi experiencia en mi pasado...

Yo me he encontrado a mí misma, y no hay nada más bonito que compartir buenos momentos contigo misma.

El otro día estuve en un lago, y solo pude pensar en lo afortunada que soy de poder compartir conmigo estos momentos.

Porque luego llega alguien como tú, alguien que te rompe todos los esquemas...

Y ya no sé qué me espera, me da miedo.

Me da miedo lo que vaya a aparecer en mi vida, lo que me vaya a encontrar o que el destino me va a enviar.

Así que por si te lo preguntas, estoy disfrutando mi vida sola, sin nadie, a 2856,3 km de ti.

Espero que seas muy feliz.

De corazón.

Red Red Wine- UB40

Agosto de 2024.
Carta para la escritora de
éste libro, de tu cocker.

Guau. Qué afortunada me siento de ser una de las primeras personas en leer éste libro, antes incluso de que sea un libro físico. Que me permitas participar en éste gran proyecto me infla el pecho de sentimientos bonitos. Pero no escribo sólo por éste motivo.

Creo que después de tantas cartas y tantos sentimientos, tú también te mereces una carta, y qué menos que dedicar unos minutos a ello.

Querida Jey:

Eres tan grande… Y no sólo por tu altura, eres realmente grande. No sé dónde guardas tanto corazón. Siento tanto, pero tanto que hayas (y sigas) pasado por todas éstas etapas… Tanto por las de tu relación, como por las de tu ruptura. Pero como siempre te digo (y también mencionas) tienes la gran habilidad de salir de todas, siempre. Me arrodillo ante ese don que tienes.

Sé que lo dices muchas veces en todo tu escrito pero quiero decírtelo yo también:

Eres fuerte. Mucho.

Eres valiente y valiosa como la que más.

Eres fácil de querer y si alguien decide no hacerlo, es por miedo a enamorarse de ti.

Mereces mucho y ojalá lo encuentres, allá donde estés, porque nunca has sabido quedarte quieta en un lugar, cosa también muy admirable.

Y aunque siempre lo digas, necesito repetirlo para que se te grabe: Eres preciosa.

Espero que nunca más te hagan sentir menos, y nunca te lo creas. Ojalá nunca más tengas esa incertidumbre en tu interior que te haga sentir culpable de algo que no entiendes, deseo de todo corazón que no vuelvas a disculparte por algo que no sabes si has hecho.

Todos cometemos errores y nadie es perfecto, pero hay personas que nos hacen mucho daño y no podemos quedarnos ahí parados, como si nada pasara, dejando que nuestro corazón se vaya rompiendo y tratando de arreglarlo con cola blanca. Somos más que eso. Eres mucho más que eso.

Te quiero mucho amiga, gracias.

Agradecimientos

Mi abuela siempre me dice que en la vida hay que ser agradecidos, a mi me encantaría un día poder decir que no agradezco nada a nadie. Pero mentiría tanto, sobre todo a ella.

La primera persona que se merece mi agradecimiento, es mi psicóloga María, que en su momento fue mi terapeuta de pareja y luego me enseñó a quererme como ni mis padres me han querido.

Sinceramente le agradezco que haya tenido el valor de poder aguantarme todo el año y más las idas y venidas que tuve con mi pequeño narcisista.

Agradezco mucho a mi tía, porque cuando pensé que no tenía un hogar donde ir, me abrió las puertas de su casa y vino a buscarme a las 7 de la mañana para poder recoger mis cosas y a mi gato.

Agradezco ante todo a Lazy, mi gato. La paciencia que tuvo con el monstruo y la que tiene conmigo es increíble y aunque ahora esté lejos de él, lo echo de menos y me duele no poder mirarlo todos los días.

Agradezco a la persona que me corrigió y me ayudó a reescribir estás palabras tan dolorosas y tan bonitas, son muchos años de amistad y me hace muy feliz que por fin le esté yendo bien en su vida aunque a veces tenga sus bajones.

Agradezco a mis dos mejores amigas, que si no hubiera trabajado en Amazon no hubiera conocido a alguien que solo bebiera Bezoya como yo.

Agradezco a la negra porque literalmente me dijo en su momento que " *El tiempo no pasa si no haces que funcione, debes realizar tareas para que esté tiempo pase y se supere.*"

Agradezco a mis otros amigos, que todos ellos son la amistad de mi vida, porque mucho han tenido que escucharme mal, me han escuchado decir idioteces y han estado en los peores momentos y eso no se lo aconsejo a nadie.

Le dedico éste libro a mi abuela, porque ella quería mucho a nuestro pequeño narcisista y yo en su momento pensé que le había fallado, hasta que me di cuenta de que mi abuela quería lo mejor para mí.

Agradezco al destino donde me llevo, porque me estaba costando mucho irme de casa, el apego es lo peor que existe.

Agradezco a correos, porque al final sí que envíe alguna carta y le llegó y os puedo decir que tiene cada palabra mía guardada en su cajón.

Agradezco a los vecinos de mi ex casa, por no llamar nunca a la policía.

Agradezco a todos aquellos que estuvieron éste año entero en mi vida conmigo a pesar de haber sido un año de mierda sentimentalmente.

Guardo cada uno de los recuerdos que he podido disfrutar.

Y te lo agradezco a ti pequeño narcisista, que no, no me pagan por cada vez lo digo o lo escribo.

Te agradezco que gracias a todo lo que pasó pude volver a escribir y espero que éste libro tenga mucho éxito entre mujeres que han sido maltratadas mental y físicamente por hombres.

Te agradezco que gracias a ti sé lo que quiero en la vida y lo que no quiero, gracias a ti podré elegir bien la persona que quiera estar a mi lado.

Espero verte en otra vida, otra vida donde consigamos querernos sin matarnos, otra vida donde las ilusiones se hacen realidad y donde podremos parar nuestros miedos sin tener que hacernos daño.

Índice